GUIDES D'AZUR

L'Architecture Belle Époque à Menton

MICHEL STEVE

DEMAISTRE

Menton possède un ensemble important de bâtiments de la Belle Époque. Le rattachement à la France en 1860, l'arrivée du chemin de fer vers 1869, les qualités climatiques du site ont favorisé l'installation d'une riche classe d'hivernants dont les exigences esthétiques ont permis l'éclosion d'une architecture originale et soignée, parfois d'une grande élégance. Entre les guerres de 1870 et de 1914, ces hivernants ont fait appel à des architectes de talent capables de mettre en forme les programmes de l'hôtel, de la grande villa, de l'immeuble de rapport et des équipements publics comme églises et temples, casino et même grands magasins.

La guerre de 1914, en supprimant ce tourisme international de luxe, a tari le courant de construction qui a repris sous une forme timide et différente après 1920. Cette dernière production s'illustre par quelques œuvres exceptionnelles, difficiles à classer : le Domaine des Colombières (par Bac en 1925), Fontana Rosa (par Blaszco Ibañez). Dans certaines disciplines comme l'art de la frise elle reprend les schémas en usage dès 1880 (sgraffites d'inspiration florentine). On peut donc considérer que la Belle Époque a été, après l'Age baroque, une grande période pour Menton qui a alors développé une architecture abondante, de qualité et spécifique. En effet la ville présente un caractère d'ensemble bien typé, une certaine unité stylistique, marquée surtout par une longue et diverse influence de l'art italien. On y observe une fréquente inflexion de ces modèles cosmopolites qu'on trouve à Nice, à Paris et dans les capitales européennes, selon une récurrence caractéristique de l'architecture à la Belle Époque. Et en cela Menton est une ville de saison esthétiquement réussie, puisqu'elle a su acclimater les grands courants stylistiques 1900 sur un mode particulier, gracieux et doux, délicatement italianisé et moins marqué du sceau français que la grande ville de Nice.

Palais Gléna - 2 et 4 rue Guyau
Abel Gléna - vers 1902

Mairie - Place Ardoïno
Sabatier - 1861

Les architectes

Les architectes actifs à Menton sont plutôt nombreux par rapport à la taille de la ville. La majorité est composée d'autochtones mais il y a quelques brillantes exceptions. La plupart ont suivi une formation classique, d'abord à Nice à l'École des Arts Décoratifs, puis à Paris à l'École des Beaux-Arts. C'est le cas pour le Mentonnais Adrien Rey et pour le Prix de Rome Tournaire. Ces artistes sont capables de formaliser divers programmes avec talent : immeuble de rapport à la parisienne, occupant au maximum la parcelle et de grande hauteur (Palais Viale), parfois teinté d'italianisme dans les frises peintes (Palais Gléna), grand hôtel isolé dans un parc (Impérial) ou en front de mer entre mitoyens. Les hôtels présentent une certaine variété, d'autant plus que ce programme est l'un des premiers à s'imposer.

Parmi les architectes extérieurs à la ville il faut signaler au premier chef le célèbre auteur de l'Opéra de Paris, Charles Garnier (1825-1898) qui réside quelquefois à Menton à partir de 1863 et qui, probablement, esquisse deux villas (mises au net et exécutées par des Mentonnais) qui rappellent de près sa villa de Bordighera (Foucher

de Careil et Maria-Serena). Gustave Rives, à la tête d'une importante agence parisienne (il est notamment l'auteur du Musée Grévin et de nombreux immeubles), dessine l'Hôtel Alexandra, qui fixe le modèle du grand hôtel de villégiature et dont la construction est supervisée par le Danois Georges Tersling (1857-1920). Ce dernier doit être considéré comme le plus élégant et le plus grand architecte mentonnais. Après des débuts prometteurs à Paris, il s'installe à Menton vers 1887 et y fonde une agence prospère, très active jusqu'en 1914, grâce à un réseau éblouissant de relations mondaines et commerciales (empereurs, princes, ambassadeurs, notaires). Tersling, formé à l'Académie royale d'architecture de Copenhague, est aussi l'auteur de très beaux édifices hors de Menton (luxueuse villa Masséna à Nice, hôtels Métropole à Monte-Carlo et Bristol à Beaulieu, très nombreuses constructions au Cap-Martin). Serviteur de l'historicisme, sa préférence va aux styles néo-classiques français (Louis XV et Louis XVI). Comme alternative à ces styles bourboniens, dont il est le précurseur sur la Riviera, il crée une manière néo-Renaissance italienne personnelle et raffinée. A côté de ces artistes aux interventions épisodiques (Garnier n'est pas un architecte de Menton et Tersling se limite aux commandes de luxe), on trouve parmi les Mentonnais le sympathique et rationaliste Adrien Rey (1865-1959), auteur de plusieurs bâtiments publics (Musée et Marché couvert). Sa formation parisienne, sa participation à des concours lui permettent de concevoir des bâtiments publics importants et décoratifs. Rey est en outre l'auteur d'une bonne trentaine d'édifices à Nice où il se fixe à la fin des années 1890.
Abel Gléna (1865-1932) présente une autre facette du talent mentonnais. Chez lui l'italianisme le plus classique et historiciste (Fondation Bariquand-Alphand) alterne avec des œuvres plus cosmopolites où l'influence des volumes et de la mouluration française domine (Riviera-palace). Il conçoit non seulement des hôtels mais de grandes villas (Toula et La Pergola, détruites), des immeubles éclectiques où la pierre, la céramique et la peinture forment un ensemble contrasté et séduisant (Palais Gléna). Gléna est surtout actif entre 1894 et 1914. Il reprend l'agence Jeansoulin où il est entré comme second. Scipion Jeansoulin (1844-1895) est un architecte de la génération précédente, au style conventionnel, chargé de l'exécution d'au moins une des villas attribuées à Garnier. Peu avant 1914 Gléna s'adjoint Alfred Marsang, fils d'architecte et déjà auteur de l'imposant hôtel Leubner, rue Partouneaux. Le quatuor Rey-Tersling-Gléna-Marsang domine la Belle Époque.

Villa Maria Serena
attribuée à Charles Garnier - vers 1885

Une particularité de Menton 1900 est l'heureuse continuité stylistique de la production grâce à la complémentarité des différentes agences. Tersling œuvre de 1885 à 1914, Rey est actif de 1896 aux années 1930, comme Gléna. Certains construisent donc déjà lorsque le style en vogue est classique et conventionnel. Ce sont les mêmes qui signent les œuvres plus pittoresques, néo-Renaissance, néo-Louis XVI des années 1910. Ainsi Menton possède un patrimoine stylistiquement varié mais homogène dans sa facture, avec une sensibilité plus délicate que dans les gros immeubles niçois, avec des couleurs et un esprit des masses et des profils plus souple et moins formaliste que dans la plupart des grandes villes de saison.

Les architectes actifs à Menton sont secondés par des artistes de grande valeur avec lesquels ils entretiennent des relations étroites : Rey et Tersling sont d'assidus clients de la manufacture de céramiques architecturales Saïssi. De même les Cerutti-Maori forment une dynastie de peintres qui décorent la plupart des grands édifices de la fin du siècle et sont des intimes de l'architecte Gléna. Henri Cerutti-Maori devient architecte et obtient le Grand Prix de Rome en 1922.

Les commanditaires

Le rattachement de Menton (monégasque jusqu'en 1848 puis sarde jusqu'en 1860) à la France correspond avec les débuts du tourisme climatique hivernal. Grâce au cirque montagneux tout proche, la cité bénéficie d'une douceur exceptionnelle qui surpasse celle de toutes les autres villes de la Riviera. Ainsi s'explique le succès relativement rapide d'une station qui n'a pas bénéficié d'un lancement mondain (Cannes) ou d'un statut de capitale régionale (Nice). Dans son développement, Menton choisit de privilégier la toute nouvelle industrie touristique, au détriment de la traditionnelle culture agricole (de l'olivier et du citronnier) qui a assuré jusqu'alors l'essentiel de ses revenus.

Le mouvement, d'abord timide, remonte assez haut : la Princesse de Galles séjourne à Menton en 1820. En 1842 on compte sept auberges et six cafés, ce qui est déjà beaucoup à une époque où les déplacements touristiques restent exceptionnels. Les équipements sont entrepris autour de 1860 (port, chemin de fer, corniche du bord de mer). A partir de 1872 la ville s'agrandit sur les terrains plats à l'ouest et pentus à l'est, à Garavan. Ces infrastructures correspondent aux premières grandes constructions de la Belle Époque comme les villas attribuées à Garnier, l'Hôtel Alexandra, l'Hôtel des Postes de Giauffret. Après le tremblement de terre de 1887 des quartiers nouveaux sont construits, lotis par Tersling et Gléna.

La colonie anglo-américaine domine à Menton depuis 1870-80. C'est le docteur anglais Henry Bennet qui a lancé la cité comme station hivernale. Comme Lord Brougham à Cannes, Bennet se fixe à Menton en 1859. Vingt ans de séjours réguliers l'ayant guéri d'une maladie de poitrine, il vante les vertus thérapeutiques de la ville auprès de ses compatriotes : il écrit un ouvrage sur la Méditerranée et la Riviera de Menton à Gênes qui est diffusé en hollandais, anglais, français et allemand autour de 1880. Les Britanniques qui amènent avec eux leurs habitudes et leurs fournisseurs possèdent, en 1900, médecins, pharmaciens ainsi que trois chapelles. Ils remplissent quelques-uns des grands hôtels dont les noms sont autant d'hommages à leur pays (Balmoral, Iles Britanniques, Britannia, des Anglais, Regina, Westminster, de Londres).

Russes et Allemands, habitants d'Europe centrale forment le reste

Villa Les Citronniers - Avenue Flavie
Georges Tersling - vers 1895

de la colonie étrangère, en léger retrait. Avec l'extension du tourisme ce sont autant les hivernants que les investisseurs d'Europe centrale qui se multiplient et marquent la cité mentonnaise. Les capitaux sont allemands, danois, autrichiens, suisses, anglais. Cet afflux permet vers 1900 d'édifier des hôtels de grandes dimensions, spectaculaires par leur taille et par leur décor et leur effet sur le paysage environnant (Astoria, Winter et Riviera, Impérial). En 1913 Menton compte 62 hôtels et pensions soit 4500 chambres. La ville semble avoir trouvé son équilibre et son caractère propre, plus tranquille que Monte-Carlo (on abandonne un projet trop ambitieux de théâtre), plus verdoyante que Nice devenue très vite une trop grande ville à l'architecture stéréotypée par souci de rentabilité. L'urbanisme est ici plus tardif et plus souple. L'architecture est plus homogène et typée, moins influencée par les styles du XVIIIe siècle français qui ont régné à Nice avec dix ans d'avance.

Palais Carnolès - Ave de la Madone
Georges Tersling -1896

Église russe - 14, rue Morillot
Tersling - v. 1892

Les Anglais, en partie logés dans les hôtels, ne font pas le même étalage nationaliste d'architecture néo-gothique que dans les manoirs plus anciens de Cannes. Ici la formule neutre de la grande maison italienne de forme et française d'ornements convient. Les Russes, les Allemands, les Méso-Européens choisissent avec une égale soumission au site une architecture italianisante sans rupture avec la tradition locale. Menton a su grâce à des conditions de commande moins pesantes conserver une indéniable identité dans les commandes de clients étrangers pourtant majoritaires. Dans les années 1880 les grandes extravagances architecturales tendent déjà à se raréfier. Le rôle des commanditaires se limite aux aménagements. Le souci anglo-saxon hygiéniste est sensible. Le fait que de nombreux hivernants soient de santé fragile explique la précocité d'équipements confortables (ascenseurs). Mais le rendu et même probablement le choix du style reviennent à l'architecte.

La construction

Les édifices Belle Epoque marquent une évolution lente mais sûre. Dans les années 1870 les architectes conservent pour les villas et les hôtels, encore de dimensions ordinaires, les techniques ancestrales. Le moellon, peu et mal taillé, est recouvert d'enduits plus vivement colorés qu'à Nice ou Cannes. Progressivement la teinte pierre, claire et crémeuse, s'impose sur le stuc (après 1900). Les murs de façade et de refend, intérieurs, sont épais et peu percés en raison de la forte sismicité du site et de l'habitude méridionale de se protéger contre la chaleur estivale. Dans les années 1880 ce schéma est infléchi par l'influence parisienne. Les hôtels de cette période présentent une morphologie comparable aux immeubles haussmanniens. L'hôtel Alexandra (dont les plans servent d'exemple pour illustrer le programme du grand hôtel dans l'imposante publication de Guadet en 1894 *Éléments et théorie de l'architecture*) marque en 1884 le début d'une conception plus monumentale et mouvementée avec tourelles arrondies, décrochements de toiture, rythme plus marqué des ouvertures. Ce qui s'observe formellement est conforme à l'esthétique touristique nouvelle : la référence à Paris est flatteuse et garantit le succès mondain de l'édifice. L'évolution technique double ce changement formel. Les intérieurs se dégagent (emploi de piliers de fonte au lieu de murs pleins). Les fenêtres s'élargissent pour faire entrer le soleil hivernal, recherché par les hôtes (la "saison" se termine d'abord mi-mars puis mi-mai). Ces baies deviennent plus hautes et descendent jusqu'au sol des pièces ; des balcons (souvent en fonte moulée, selon une formule d'importation parisienne) conviennent au climat du sud et renouent avec la tradition italienne classique et monumentale. Les planchers en voûtains de briques portés par des rails métalliques remplacent les poutres de bois. Les portées plus grandes permettent d'agrandir les salles et de leur donner des formes plus variées, avec rotondes, pans coupés et cabinets polygonaux (Hôtel Alexandra).

Beaucoup d'œuvres des années 1880-1900 masquent pourtant cette évolution technique sous un habillage décoratif, par ailleurs renouvelé. Seuls quelques édifices utilitaires exploitent et exaltent les nouveaux procédés constructifs, comme le Marché couvert en 1898, mais ce rationalisme dure peu. En effet, à partir de 1900-1910, un emploi plus répandu des staffs (plâtres armés coulés en série dans des moules aux formes de consoles, de chapiteaux, de bas-reliefs) donne aux palaces et à quelques immeubles de rapport un caractère plus parisien en simulant la construction en pierre de taille de style francilien classique. La spécificité mentonnaise commence à disparaître (Astoria, Winter, Impérial, lotissement de la Condamine).

Une particularité dûe à la tradition et à la situation géographique est l'abondance des peintures sur les façades sous forme de frises. Elles sont protégées par l'avancée des toitures "à la toscane" (portée par des poutres de bois, parfois soulagées par des corbeaux à la référence plus balnéaire). La couleur, le sgraffite (dessin clair sur fond foncé en camaieu brun de tradition Renaissance toscane), des rappels des harmonies fluides Art-nouveau, les motifs animaliers parfois naïfs (mouettes, lapins, papillons), les nombreuses variantes florales forment un ensemble d'une bonne centaine d'exemples d'une richesse variable. Ce culte de la couleur n'est pas limité à la peinture. La céramique avec des tons acides de turquoise, vert céladon, grenat foncé, citron, est très présente grâce à plusieurs fabriques mentonnaises, la plus célèbre étant celle des Saïssi, essaimant dans la région et rivale sérieuse du Vallaurien Massier.

La décoration intérieure marque aussi une évolution. Les salles carrées des hôtels 1870 sont remplacées par d'autres plus complexes, plus ouvertes où la vue dégagée demande un traitement plus riche. De

grandes glaces, des pilastres de staff animent les murs des salles de restaurant. Les halls des palaces possèdent de grandes fresques éclairées par les immenses baies. Les escaliers ajourés déroulent des rampes en fonte moulée plus décorées (Riviera). Au sol les mosaïques renouent avec la tradition italienne, les carreaux de marbre blanc dominent dans les halls. Les grandes salles sont parquetées comme les chambres. Le goût d'Europe centrale y introduit la mode des marqueteries de bois polychromes, au dessin répétitif et industriel. Les verrières en vitrail, les sculptures et les plantes vertes complètent le décor, au milieu d'un mobilier fourni par des firmes allemandes ou anglaises. Le chauffage central

Winter-Palace - 20 avenue Riviera
Albert Tournaire - vers 1907

Marché couvert - Quai de Monléon
Adrien Rey - 1898

se généralise, remplaçant les cheminées encore en usage vers 1870. Les ascenseurs apparaissent dans les hôtels dès 1884.

Progressivement, avec l'emploi de charpentes métalliques, notamment pour les combles, les volumes des édifices se complexifient. La composition des façades devient de plus en plus ample et monumentale, selon la formule du grand pan rectiligne offrant la vue et le soleil du sud au maximum de chambres (Impérial, Riviera, Winter). C'est sur ce modèle que Gléna édifie dans les mêmes années le sanatorium de Gorbio, à quelques kilomètres de là. Les villas affichent des volumes plus modestes et contrastés. La variété y tient aussi au caractère individuel des commandes.

Les styles

Ce qui distingue l'architecture Belle Époque de Menton est notamment la qualité des œuvres. Comme dans plusieurs autres villes de la Riviera (Nice, Cannes, San Remo) les styles dépendent du programme et de la commande, dans une période où il n'y a pas de style moderne défini et omnipotent. C'est cette diversité déroutante qui rend difficile la perception globale de l'architecture de cette époque. Mais cette variété est preuve de vitalité. Les architectes sont inventifs et cultivés ; ils n'ont pas de spécialisation excessive : Rey est tantôt rationaliste (Marché), tantôt italianisant, parfois plus parisien (Dames de France, Musée). Tersling réalise sa propre villa dans un style fleuri un peu baroque. Mais il s'inspire du vocabulaire de la Renaissance et de la morphologie des palais d'expositions (en particulier le Palais de l'industrie construit par Viel pour l'exposition parisienne de 1855) au Casino-Kursal (l'actuel Palais de l'Europe). Par ailleurs il reproduit le caractère formel de l'immeuble parisien 1900 au Palais Viale. Gléna est également changeant, de l'Italie maniériste au classico-moderne pour les palaces.

Indépendamment de la tradition locale, l'architecture mentonnaise suit évidemment la mode des villes de saison et plus particulièrement celle des villes de la Riviera. Dans les années 1870-85 ce sont les styles mauresque et italien qui dominent. L'influence de Garnier, habilement tempérée et diluée par les habitudes locales, produit quelques villas à la manière italienne où la recherche de pureté et de formes originales distingue l'œuvre de la banalité. Cette école est très durable. Vers 1900 Gléna suit le même schéma à la villa Toula, à la villa Mers et Monts ou à l'Institut Bariquand-Alphand. Le style italien induit d'ailleurs une morphologie particulière (arcades, loggias, colonnades) qui impose un traitement en volumes de l'architecture. Ce qui est un des traits distinctifs de Menton, par rapport à Nice où les façades sont plus fréquemment plates et seulement ornées de staffs.
Hôtels et immeubles qui constituent la majorité des constructions nouvelles suivent un genre plus conventionnel imposé par le programme : l'édifice doit satisfaire toute la clientèle, donc afficher un style convenable et plaisant, sans excès d'originalité. La singularité des édifices mauresques passe ainsi rapidement de mode. Les édi-

L'entrée principale du Marché couvert - quai de Monléon
Adrien Rey - 1898

fices officiels des années 1880-1900 présentent en raison du rattachement récent à la France le même caractère conventionnel, avec parfois une touche Second-Empire, tempérée par un classicisme italianisant tardif (Poste). C'est pour respecter cette convenance que les édifices plus tardifs des années 1910-1914 présentent les mêmes caractères, un peu plus appuyés cependant, plus systématiques, car la ville a réussi son développement et l'extension des commandes et des façades demande un style plus marqué. Dans les nouveaux quartiers (Condamine) le parcellaire régulier et dense appelle l'immeuble haut et rectiligne à la parisienne. Cette régularisation qui risque de tomber dans la monotonie est cependant compensée par la variété de tempérament des architectes : Gléna et Rey adoptent volontiers une écriture rationaliste de la tradition italienne. Le Marché reprend la polychromie de briques, de céramiques, les grandes avancées de toitures de l'architecture méridionale. Toutes ces œuvres soulignent avec des moyens nouveaux des références anciennes. Cela produit des édifices parfois pittoresques qui conviennent à une clientèle dont le goût nous semble aujourd'hui un peu grandiloquent.

Les édifices religieux affectent la même tendance expressionniste. Les chapelles sont soit d'un néo-gothique appuyé et synthétique faute d'espace, soit d'un style "Vieux-Russe" inspiré des plans centrés médiévaux de Moscou, styles d'autant plus oppressants que les édifices sont petits. Le même phénomène concerne les autres chapelles de la Riviera : il s'agit de la première affirmation identitaire de chaque communauté étrangère, qui marque son temple, lieu de rassemblement mondain, de manière plus efficace et rassurante que sa propre habitation, qui est souvent un hôtel conventionnel.

Enfin de 1895 à 1914, lors des constructions des plus grands palaces, ce sont les architectes et le site qui dictent logiquement le style des bâtiments. Le Riviera, le Winter, le Lutétia, l'Impérial sont richement décorés pour le riverain mais aussi composés pour être lus de loin, en silhouette. Les clochetons de céramique polychrome couronnent des pavillons qui donnent leur caractère et leur rythme à la façade entière (Winter). La forme générale, la volumétrie du Riviera dépendent aussi de la pente, des voies d'accès. L'Impérial, plus moderne, joue seulement en masse et en silhouette. Cette tendance organique, cette souplesse plastique est l'une des raisons de l'harmonie de l'architecture mentonnaise de la Belle Époque.

Fondation Bariquand-Alphand (serlienne d'angle) - 41, bd de Garavan
Abel Gléna -1905

Itinéraires

1. L'ouest de Menton et les collines

Ancien pavillon de plaisance des Princes de Monaco et remontant au XVIIIe siècle, le Palais Carnolès **1** (*avenue de la Madone*) est considérablement agrandi et totalement remodelé par Tersling pour le Docteur Allis en 1896. Il prend alors son apparence actuelle de grande villa classique de style Louis XVI français. C'est un des chefs-d'œuvre de l'architecte, en particulier par l'adresse de ses proportions et l'élégance de ses détails décoratifs. L'intérieur présente un hall, un escalier et un grand salon décorés également par Tersling en style néo-classique nordique, sec et linéaire mais grandiose et raffiné. A proximité côté mer, l'Hôtel Prince de Galles **2** (*4 avenue De Gaulle et 69 Promenade du Soleil*) possède quelques éléments décoratifs et sculptures de la fin du XIXe siècle. Ces ornements, souvent détruits ailleurs, montrent bien ici l'esprit d'origine des bâtiments de cette époque. Voisin, l'Hôtel Carlton **3** (*6 avenue de Gaulle et 133 Promenade du Soleil*) présente une intéressante facture rationaliste. Dans une composition vigoureusement découpée s'inscrivent de riches balcons de ferronnerie et un ensemble de céramiques polychromes formant frise.

On peut ensuite monter vers le nord voir l'ancien Hôtel Alexandra **4** (*10 rue Paul Morillot*) construit par Rives en 1884. Il présente de manière exemplaire tous les caractères des premiers hôtels de luxe pour hivernants. Sa façade à tourelles et combles d'ardoise, ses intérieurs aux formes complexes exaltent le progrès technique de l'époque. Le style composite d'influence parisienne était alors à la mode. Au couchant on a ajouté en 1925 une curieuse façade d'une facture plus moderne inspirée de la Renaissance française (en particulier du Louvre de Lescot). Tout près il est intéressant de visiter la minuscule Eglise russe **5** (*14 rue Paul Morillot*). Elle date de 1892 et reprend le schéma centré des cathédrales orthodoxes, ainsi que la forme de flamme traditionnelle des bulbes. L'intérieur a conservé sa décoration et présente des proportions très gracieuses. Tersling y a collaboré. On peut voir à proximité la petite Villa Antoinette **6** (*32 impasse de la maison russe*), ornée de frises et typique des modestes mais coquettes maisons mentonnaises des années 1900.

Les curieux de l'œuvre de Gléna peuvent faire un long détour en voiture pour aller voir deux constructions de lui. La première, à droite en mon-

L'ancien Hôtel Impérial (détail de la colonnade rustique) - 9, ave de la Madone
Tersling - 1913

tant la route de Gorbio, est la Villa Mers et Monts **7** (*Route de Gorbio*) que l'on aperçoit largement, assise sur un monumental soubassement de pierre à arcades. La villa est richement décorée de sculptures et de frises un peu fanées, dans une manière italianisante typique des années 1905. En poursuivant on atteint l'ancien Sanatorium de Gorbio **8**, (*D 223 à partir de la Route de Gorbio*) œuvre élégante construite en 1903 et admirablement située dans un site très arboré. Sa grande façade, son immense perron rappellent les palaces mentonnais contemporains. L'édifice comporte encore un remarquable dallage de terrasse en carreaux de Maubeuge polychromes aux teintes harmonisées ainsi que deux charmants plafonds peints de motifs floraux délicatement colorés, un peu influencés par le Modern-style.

En retournant à l'avenue de la Madone on trouve l'Hôtel d'Aiglon **9** (*au n°7*) qui se signale par son style rococo crémeux et chargé, dans la manière des pavillons d'Europe centrale. La quantité et la qualité du décor en font un exemple parlant et en bon état de la facture un peu bavarde des années 1880-90. Puis au fond d'un parc, grand et bien

Riviera-Palace - 28 avenue Riviera
Gléna et Marsang - 1898-1910

conservé, l'ancien Hôtel Impérial **10** (*9 avenue de la Madone*) construit par Tersling en 1913, création du grand hôtelier Aletti. Le style se simplifie et tend vers un pseudo-rustique dans certains détails bien que la silhouette et l'implantation restent dans la lignée du Winter et de l'Alexandra. Le luxueux intérieur a conservé son grand escalier à rampe à rinceaux d'inspiration Louis XVI. De même, de grandes consoles de staff s'inspirent de l'oeuvre de J.A. Gabriel, particulièrement de la Place de la Concorde. Élégance de la mouluration (nombreux motifs sculptés imitant des boiseries Louis XV) dans les vastes corridors, abondance de marbres clairs, vitraux monogrammés et fleuris d'enroulements permettent de retrouver le faste du palace le plus chic de Menton qui fonctionna seulement un an avant la Grande guerre.

En remontant en voiture la vallée du Borrigo **11** à partir du Cours René Coty on peut découvrir une dizaine de villas généralement modestes mais dont la décoration picturale allie frises et grands panneaux peints. Ces maisons datent souvent des alentours de 1900 et présentent de ce fait des motifs inspirés de la manière libre et fluide des fleurs et végétaux (glycines, citronniers, treilles). On trouve là une école décorative typiquement mentonnaise, exceptionnellement influencée par le

L'ancien Hôtel Impérial - 9, ave de la Madone
Tersling - 1913

Modern-style, rare sur le reste de la Riviera. On poursuit sur l'avancée de la colline pour découvrir les palaces les plus spectaculaires de Menton.

Le Riviera **12** (*28 avenue Riviera*) construit par Gléna et Marsang en 1898 et surélevé en 1910 est le plus remarquable par son ampleur, sa décoration et sa situation. De style éclectique avec de nombreux détails italianisants et parisiens, c'était à l'origine un hôtel fastueux avec théâtre et 250 chambres. Il a conservé sa marquise, ses ferronneries, son portail inférieur sur l'avenue, ses opus rustiques et expressionnistes imitant les rochers sauvages. Dans une facture mêlant les lourdes couronnes néo-classiques et les fleurs et feuillages Modern-style, les larges trumeaux peints de la façade résument brillamment plusieurs caractères de l'art de la frise mentonnais. Ils sont dûs à Guillaume Cerutti-Maori et à son équipe. On reconnaît la plupart des grandes nations symboliquement conviées à venir séjourner à Menton : écussons des Etats-Unis, de l'Angleterre, de l'Espagne, de la France. Les ferronneries acérées au style fleuri, la sous-face des balcons peinte de grisailles bleutées donnent à l'immense édifice un caractère flamboyant et chargé typique de l'optimisme décoratif de la Belle Époque. Le grand escalier est remarquable par son volume et la complexité de ses volées ; les miroirs et les peintures (de Cerutti-Maori) complètent cet ensemble et lui donnent un caractère féérique.

Presque voisin, le Winter-palace **13** (*20 avenue Riviera*) est construit vers 1907 par le Grand Prix de Rome 1888 Albert Tournaire (1862-1958). Il est exemplaire de la manière de cet artiste qui essaie de moderniser le style Louis XVI par quelques emprunts à la manière italienne. La partie supérieure de la façade avec ses célèbres et singulières pyramides à écailles jaunes vernissées est conçue pour être vue de loin et se détacher sur le site. L'intérieur mêle les styles Louis XV et 1900. Le hall et une rotonde sont encore visibles et bien conservés. De grandes glycines peintes ornent les murs ainsi qu'un grand velum doré, exemple brillant de la peinture décorative mentonnaise. On peut voir ensuite l'ancien Hôtel Lutétia **14** (*montée Lutetia*) construit vers 1908, monumental. Sa particularité est le dôme de forme un peu asiatique qui souligne la rotule entre ses deux ailes.

En remontant la vallée du Carei **15** qui suit, c'est une promenade à frises encore plus fournie qui s'offre au promeneur (en voiture) avec une vingtaine de villas plutôt modestes ornées de motifs polychromes aux teintes souvent suaves de gris bleutés, de jaunes, de roses mauves.

Riviera-Palace (écusson des Etats-Unis) - 28 avenue Riviera
Gléna et Marsang - 1898-1910

2. Le centre
(peut se faire à pied, laisser la voiture devant la gare)

Le quartier de la Condamine est construit autour de 1900 sur un remblai considérable qu'on devine lorsqu'on atteint sa limite ouest à l'église du Sacré-Cœur. Ce quartier a été parfois appelé lotissement Tersling car l'architecte le traça, acheta la majorité des terrains qu'il viabilisa et revendit et y construisit le Palais Viale. On remarque d'abord l'église **16** (*15 avenue Edouard VII*) d'un style néo-roman méridional massif, achevée en 1913 avec la collaboration de Tersling. Plusieurs immeubles sont intéressants dans ses environs. L'immeuble **17** (*5 avenue Thiers*) se distingue par de beaux balcons et un style Louis XVI fleuri et fluide. La riche mouluration est particulièrement soignée et l'ensemble présente une facture légère et brillante. La Casa Isabella **18** (*14 avenue Edouard VII*) adopte malgré son nom une manière très française. Dans une composition toujours classique l'ornementation s'inspire à nou-

veau du style Louis XVI, interprété avec surabondance. Puis le Grand-Palais **19** (*7 avenue Edouard VII*) est une œuvre de Félix Vérola construite vers 1905. Comme le Palais Viale il se poursuit sur la rue Bennett. L'immeuble **20** du *5 avenue Edouard VII*, construit à la même époque, présente une composition classique. Les détails décoratifs sont cette fois d'inspiration Louis XV et d'une facture presque crémeuse dûe à l'emploi des staffs et des enduits au lieu de la pierre de taille parisienne.

A l'angle des avenues Carnot et Edouard VII se trouve le Palais Viale **21** construit en 1906 par Tersling pour un important entrepreneur mentonnais ayant souvent travaillé avec lui. C'est pourquoi on peut remarquer que les hauts trophées sculptés sur les façades latérales représentent une allégorie des arts où l'architecture tient une part importante (symbolisée entre autres par un tambour de colonne). L'immeuble qui suit le style parisien en vogue dans le lotissement se distingue par la qualité des ornements, l'habileté de la composition et l'élégance des profils. L'intérieur possède encore la grande cage d'escalier à riche rampe néo-Louis XVI.

L'ancien Hôtel Astoria **22** (*2 avenue Edouard VII*) est construit en 1913 et résume les derniers choix décoratifs de la Belle Époque. Le décor de staffs un peu répétitif souligne la monumentalité de l'édifice, de style parisien. Puis on trouve la pittoresque Villa Albini **23** (*angle Carnot-Albini*) construite vers 1898 par Tersling pour le notaire Paul Albini. Le décor chargé rappelle d'autres opulents chantiers contemporains de l'architecte (petits frontons identiques au Bristol de Beaulieu). Les motifs de céramique aux couleurs acides (bleu turquoise, jaune citron) proviennent probablement de la grande manufacture mentonnaise Saïssi. Mitoyen à l'ouest on voit, toujours de Tersling, l'immeuble de rapport **24** appartenant aussi aux Albini. Sa façade sur rue possède des ancres métalliques (peintes en noir) au dessin recherché d'hippocampes opposés de chaque côté d'une sorte de chardon et la plupart des éléments d'architecture du rez-de-chaussée y sont exceptionnellement bien conservés et visibles. Côté mer l'autre façade présente de majestueux opus de pierre de taille alternés harmonieusement avec les parties enduites. Les trumeaux supérieurs sont ornés de grands médaillons de marbre de style Louis XVI rappelant d'autres œuvres néo-classiques de l'architecte. La mouluration est comme dans toutes les constructions de Tersling d'une élégance exceptionnelle.

Villa Albini (détail des stucs et céramiques) - angle Carnot-Albini
Tersling - vers 1898

L'église anglicane Saint-John's Church **25** (*angle des avenues Carnot et de Verdun*) date de 1868. Comme tous les édifices anglais religieux de la Riviera elle reprend sur une échelle réduite le schéma et l'ornementation gothiques. Assez bien conservée avec ses éléments secondaires et décoratifs (clôture, toiture) elle a gardé son cachet original. A proximité, l'Hôtel Stella-Bella **26** (*10 avenue Carnot*) possède un beau porche dans le style fleuri et personnel de Garnier. Puis *à l'angle de l'avenue Boyer*, à remarquer l'immense Palais Ausonia **27**, de style néo-classique 1900 et d'influence parisienne. Comme l'Astoria, il répète à une échelle énorme des poncifs décoratifs retranscrits de façon fleurie. On peut ensuite aller chercher la singulière Villa Les Citronniers **28** (*avenue Flavie*) remodelée et décorée par Tersling vers 1895 d'une manière plutôt chargée et d'inspiration rococo. Le petit bâtiment était le logement du célèbre architecte danois, mentonnais d'adoption, qui y mourut en 1920.

Construit en 1909, également par Tersling qui l'a exceptionnellement signé en façade, le Palais de l'Europe **29** (*8 avenue Boyer*) est l'ancien Casino-Kursal, principal édifice du Menton Belle Époque par sa taille et la richesse de son décor. L'ensemble, simplifié aujourd'hui, a gardé beaucoup de caractère. Tersling y a mêlé une décoration néo-classique à un parti plus libre et éclectique, inspiré des grandes halles d'exposition des années 1850-80. L'intérieur, outre des salles bien proportionnées et éclairées, contient un ravissant théâtre de style classique conçu aussi par Tersling. Puis *à l'angle de l'avenue Boyer et de la rue Partouneaux* l'imposant immeuble aux pierres apparentes est l'ancien Hôtel Leubner **30**, construit par Marsang en 1909. Un immeuble à frise peinte **31** (*94 rue Partouneaux*) est rehaussé de céramiques polychromes au premier étage.

L'ancien Hôtel d'Orient **32** (*1 rue de la République*) présente une rare décoration de style mauresque très tardive (vers 1920) entièrement plaquée sur un édifice traditionnel déjà exploité comme hôtel vers 1885, construit par Sylvain Giauffret. Les minarets à coupoles de céramique, les loggias illustrent presque avec naïveté l'image commerciale de l'Orient utilisée par les hôteliers dès 1860-70. La façade a conservé plusieurs éléments de sa décoration originelle comme le balcon filant en ferronnerie à volutes sur une corniche portée par des consoles habilement dessinées et disposées. Le décor mauresque est plus visiblement

Ancien Hôtel Leubner - angle rue Boyer et rue Partouneaux
Marsang - 1909

plaqué mais d'une variété intéressante : douze types différents d'encadrements de fenêtres, incrustation de cabochons de céramique turquoise dans un motif de garde-corps uniforme et d'un usage très courant de 1900 à 1930. L'intérieur possède un magnifique escalier amplement composé sur volées doubles à la manière des années 1885, d'un classicisme tardif. La succession étudiée de volumes contrastés et certains détails de la décoration prouvent que l'architecte s'est inspiré de l'Opéra de Paris et de son modèle, l'Opéra de Bordeaux (arcs rampants, traitement du mur inférieur à bossages plats, frise de postes). Le plafond carré à verrière circulaire a une décoration d'inspiration Louis XVI-Adam particulièrement réussie.

Face à lui, un simple buste de Fabio Stecchi constitue le Monument **33**, inauguré en 1884, dédié au Docteur Henry Bennett. La Caisse d'Epargne **34** (*21 rue Partouneaux*) est l'ancienne Poste, dûe à Giauffret en 1885. C'est un agréable bâtiment

**Ancien Hôtel d'Orient (kiosque d'entrée)
1 rue de la République**
Sylvain Giauffret - 1885-1920

d'inspiration néo-classique à tendance italienne avec son élégant rez-de-chaussée à refends et arcs en plein-cintre surmonté de deux étages nobles, le premier orné de beaux encadrements de fenêtre à consoles aplaties, de style Renaissance romaine tardive. L'entrée sur le petit pan coupé rue Partouneaux, plus chargée de symboles, est davantage de style Second-Empire-1880. En face on remarque la Maison Burkard **35** (*38 rue Partouneaux*) datant de 1896. L'immeuble d'habitation classique surmonte un ancien "grand magasin" dont les vitrines immenses ne laissaient comme supports à la façade que les indispensables points d'appui traités avec vigueur en pierre blanche et dure. La porte d'entrée à claveaux passants est calée d'écoinçons où se tortillent deux tritons en ronde-bosse ; deux étages de sgraffites sont à remarquer. Peu après, c'est un autre immeuble **36** (*40 rue Partouneaux*) daté

**Marché couvert
(céramiques Saïssi)
Quai de Monléon**

Adrien Rey - 1898

de 1877 qui possède un rez-de-chaussée entièrement en pierre de taille et un portail à pointes de diamant et masques grimaçants. La cage d'escalier, richement décorée, est couverte de voûtes d'arêtes et possède une balustrade de style baroque vénitien.

En gagnant le rivage on passe devant un bel hôtel particulier armorié, en forme d'immeuble **37** (*27 avenue Félix Faure*) dont les consoles, la mouluration, les frontons marquent la permanence du meilleur classicisme italien au début de la Belle Époque. Plus historicistes, et juxtaposés de manière éclectique, sont les balcons filants, l'un à entrelacs et disques ajourés d'inspiration vénéto-lombarde Renaissance, l'autre à polylobes d'un dessin fin-gothique. Puis on arrive à l'Hôtel Saint-Michel **38**, visible seulement côté mer (*1684 Promenade du Soleil*), installé dans une jolie maison probablement d'un classicisme tardif, dont la composition symétrique aux beaux volumes est relevée d'ornements sobres et gracieusement proportionnés. Construit en 1898 par Rey, le nouveau Marché couvert **39** (*quai de Monléon*) est remarquable par sa joyeuse polychromie, suite à une commande exceptionnelle à la Maison Saïssi. L'architecture de brique et d'enduit, la frise d'inspiration Renaissance de l'attique, la couverture proposent une interprétation savoureuse et circonstanciée du grand modèle de l'époque, les Halles de Baltard à Paris. Mais au-delà de la décoration un peu délirante, la structure même de l'édifice est une réponse parfaite et détaillée au programme originel (ombre, circulations, aération).

**Villa Les Mouettes
8 bis rue Guyau**

Un détour par la *rue Saint-Michel* permet de voir au *n°22* les frises du Presbytère **40**, édifice de style néo-Renaissance italienne à vaste arcature, orné de sgraffites rouges à angelots, têtes, couronnes et guirlandes. L'intérieur possède une décoration plus florale aux teintes suaves de bleus, de verts, de gris, d'inspiration néo-antique. Edifié autour de 1900 ce bâtiment présente plusieurs similitudes de caractère avec la Fondation Bariquand-Alphand (style des sgraffites, colonnade à arcature centrale) et peut donc être raisonnablement attribué à Gléna.

Le Palais Gléna **41** (*2 et 4 rue Guyau*) a été construit vers 1902 par l'architecte qui y avait aussi son agence. Il est de style éclectique. Les beaux opus de pierre alternent avec une abondante mouluration de staffs crémeux. Mais surtout c'est la décoration picturale qui est remarquable avec les hautes frises formant trumeaux peints, cloutées d'or au dernier étage. De grands arbres polychromes y entourent des scènes avec putti. L'intérieur est également luxueux avec ses riches parquets, quelques sols en carreaux très décorés de Maubeuge dans les bureaux du rez-de-chaussée et un escalier décoré de grandes rosaces de pétales (chrysanthèmes ?) en dégradé d'un gris mauve mourant ponctué de délicates touches d'or. Les portes palières Modern-style monumentales témoignent aussi du luxe et de la qualité de l'édifice. Un peu plus haut, la Villa Les Mouettes **42** (*8 bis rue Guyau*) présente une haute frise ornée de vols de mouettes roses au milieu d'arbres et de treilles verts et bleus prenant leurs racines dans d'inhabituels décro-

**Palais Gléna (détail de l'opus de pierre)
2 et 4 rue Guyau**

Abel Gléna - vers 1902

chements portés par des cartouches de staff. On remarque aussi, un petit édifice **43** (*15 rue Lorédan Larchey*) daté de 1910 et orné de sgraffites. C'est un des nombreux exemples de constructions de la Belle Époque du lotissement Trenca (entre les rues de la Marne et Guyau) qui rassemble dans un petit périmètre de 3 rues 18 maisons à frises. Près du musée encore est le double immeuble La Source **44** (*10 et 12 rue Lorédan Larchey*) en forme de villa ou de petit palais italien. Le néo-classicisme 1900 y est traduit avec élégance dans les profils et dans une parfaite proportion des baies. Le soubassement de pierre au bossage rustique et les ferronneries de la façade sud, en éventail, sont davantage Belle Époque par leur audace. Tout près, la Maison Balestra **45** (*16 rue de la Marne*), datée de 1912, est surtout singulière pour son double oriel arrondi sur l'angle sud-ouest, qui fait onduler sa façade sur six travées.

Tout à côté, le Musée **46** (*rue Lorédan Larchey*) est construit de 1906 à 1909 par Adrien Rey. Ce petit bâtiment présente une architecture soignée et originale, d'inspiration classique. Comme plusieurs commandes officielles de Rey, il adopte un caractère dominant de pavillon d'exposition. Le portique inférieur, conçu à l'échelle de la rue qui le précède, est un habile hommage à la tradition italienne. Au sommet, le bandeau en ronde-bosse de rinceaux, les écussons des angles et la grande plaque de mosaïque centrale montrent le goût épais et vivant de Rey pour les formes grasses et la diversité des moyens d'expression architecturaux. Les façades latérales, très académiques et un peu naïvement pédagogiques, présentent aussi un net intérêt architectural. En contrebas sur la rue Lorédan Larchey on remarque encore l'Église réformée **47** (*21 rue de la République*), édifice rationaliste d'inspiration romane un peu primitiviste rappelant la manière en usage dans les années 1870-90. Il est agréable de voir cet édifice avec son enclos originel aux piliers de pierre romano-gothiques en forme de pinacles et à la clôture de ferronnerie.

En retournant en direction de l'Hôtel de ville on passe devant l'ancien temple écossais **48** (*8 rue de la République*), également de style néo-roman à tendance rationaliste, et à la curieuse toiture d'inspiration scandinave, restaurée de manière exemplaire. La Place Ardoïno **49** est un ensemble légèrement antérieur à la Belle Époque mais fait partie de la production historiciste en vogue dans les années 1880-1910. En effet la composition de style italien néo-classique date seulement de 1867, avec ses galeries à colonnes doriques en pierre de la Turbie. Elle est conçue pour mettre en valeur l'actuelle Mairie **50**, (*Place Ardoïno*) construite en 1861 par l'architecte Sabatier (1823-1891), qui fut à l'origine le Cercle philharmonique puis le Cercle des Etrangers. L'édifice, vendu en 1898 par les Ardoïno, devint la Mairie en 1901. Comme à la

Le Musée - Rue Lorédan Larchey
Adrien Rey - 1906-1909

Place Masséna de Nice, on peut remarquer combien le style néo-classique-1820 italien, imité ici avec un retard d'environ 40 ans, convient aux compositions urbanistiques : les couleurs, l'opulente moulluration soulignent les grandes lignes d'une architecture dont les éléments restent simples (colonnades, pilastres colossaux, entablement traditionnel).

En remontant vers le nord et le Chemin des terres chaudes on peut remarquer la Villa La Fauvette **51** (*Chemin des terres chaudes*) avec ses divers éléments d'architecture généreusement traités, l'assemblage gracieux faisant référence à une Italie pittoresque et de fantaisie. A proximité se trouve la Villa Mirasol **52** (*Chemin des terres chaudes*) avec ses chérubins au-dessus des fenêtres jouant sur un fond de rivière bleue, entourés d'une végétation aux couleurs étranges et aux formes stylisées. Ce secteur présente plusieurs exemples de frises, comme le Chemin des Ciappes **53** qui prend naissance peu après. On y trouve surtout des bandeaux peints de motifs réguliers et répétés, mais intéressants par l'interprétation haute en couleur de la flore locale.

3. Le quartier de Garavan
(itinéraire conseillé en voiture)

La route de Castellar, construite en 1880-82, commence par la Promenade du Val de Menton. On passe d'abord devant la Maison Otto **54** (*3 Val de Menton*) construite vers 1905 et dont la frise est ornée d'une scène de chasse où des chiens poursuivent de grands lapins sur un fond bleu vif surréaliste. Le thème des lapins a inspiré à Menton plusieurs frises, toujours selon une mise en couleur fantaisiste. Aux *25 et 27 Val de Menton* se trouvent les chalets Manuella **55** et Victoria **56**, construits en 1882 et portant les prénoms de deux sœurs, demoiselles Laurenti. Les deux édifices sont de style rationaliste teinté comme souvent à Menton d'italianismes dans le décor. Le chalet Manuella est le plus modeste. Tout à côté le chalet Victoria est une grande maison carrée et élevée sur un terrain pentu. Il est intéressant d'observer les variantes de la décoration de l'un à l'autre. Ainsi les opulentes guirlandes tressées de stuc se trouvent transcrites en trompe-l'œil dans la frise du voisin.

On tourne ensuite en épingle à droite et on continue de monter en prenant le début du boulevard de Garavan en direction du cimetière du

Vieux-château. A l'ouest de la place entre les deux cimetières se trouve la Villa La Vigie **57** (*8 boulevard de Garavan*) rationaliste dans la mise en œuvre des matériaux, intéressante pour les briques, la céramique et les enduits, dans une composition recherchée. On est alors près du parvis dégagé sur les deux côtés, offrant un vaste panorama. On peut entrer, au sud, dans le Cimetière du Vieux-château **58** (*Place du cimetière*). C'est là que se trouvait le château des Vento, édifié au XIIIe

siècle, restauré déjà au XVIIe. En 1855 des travaux d'aménagement amenèrent de nécessaires démolitions, poursuivies en 1875 puis par sécurité après le tremblement de terre de 1887. Dès le début du siècle le site servait de cimetière. On y trouve les tombes des familles russes et anglaises qui hivernèrent à Menton ainsi que la plupart des grands architectes mentonnais. Tersling et Gléna reposent à proximité de la petite chapelle russe, édifiée sur un plan centré inspiré des églises moscovites. En face, dominant la Place du cimetière, le Cimetière de Trabuquet **59**, outre une vue encore plus dégagée, offre quelques tombes également intéressantes (comme l'ange-enfant debout embrassant l'horizon marin).

On poursuit sur le boulevard de Garavan où l'on parvient, plus loin, à la Fondation Bariquand-Alphand **60** (*au n°41*), construite par Gléna en 1905. Dès l'origine, ce grand et somptueux bâtiment a été destiné aux enfants malades. Il s'agit d'un don de la riche héritière de l'architecte Alphand. Le style très italien règne autant sur la composition, d'inspiration palladienne et aussi florentine, que dans tout le décor, remarquablement homogène et soigné avec ses sgraffites, ses ferronneries, ses peintures sous portiques, à tendance Modern-style. C'est le chef-d'œuvre de Gléna. De là on voit, se détachant nettement sur la mer, la majestueuse silhouette du Garavan-palace **61**, probablement construit par Rey autour de 1900 dans un style rationaliste non dépourvu d'élégance dans les profils. Les grandes masses, en particulier la tour centrale qui anime l'ensemble, sont dictés par le programme. On passe ensuite devant la Villa la Tourette **62** (*67 boulevard de Garavan*), construite vers 1890, dont la tour est ornée de peintures au-dessus de la longue frise de fleurs stylisées qui court sous l'avancée de toiture à la toscane.

On remarque plus loin une des plus opulentes villas du boulevard, la Favorite **63** (*angle boulevard de Garavan et avenue Katerine Mansfield*) construite vers 1880. Elle offre sur un enduit à gros grain rouge un

Fondation Bariquand-Alphand - 41 bd de Garavan
Abel Gléna - 1905

mélange de sculptures en demi-relief et de peintures aux vives couleurs à dominantes de bleu céleste et de jaune paille. Le style de la maison, les grasses sculptures, la généreuse mouluration rappellent le maniérisme génois. De même que le délicieux attique à petites baies alternées avec les grands panneaux peints entourés de motifs de "cuirs" et de guirlandes de fruits au naturel, séparés par des consoles de bois travaillé portant l'avancée de toiture à la toscane. La puissance des profils et la richesse des ornements peints en font un des exemples les plus brillants de l'italianisme mentonnais.

Richement restaurée et située dans un parc aux nombreuses essences, la Villa Foucher de Careil **64** (*81 boulevard de Garavan*) est construite entre 1892 et 1895. On l'attribue comme Maria-Serena à Garnier. La qualité des mosaïques, la forme originale, le détail élégant et italianisant d'un décor très architectonique distinguent effectivement ce bâtiment, dans la manière de l'architecte de l'Opéra. L'intérieur possède une décoration également très riche en mosaïques et plafonds peints, certains d'inspiration orientale. On a attribué sans preuve plusieurs villas de la Riviera à Garnier. Parmi celles-ci les deux villas commandées par les Foucher de Careil à Menton sont celles dont l'attribution est la plus solide et vraisemblable car les dates, le style, la personnalité des commanditaires concordent pour désigner une œuvre du grand architecte.

Plus loin la Villa Hadriana **65** (*68 boulevard de Garavan*) possède des frises intéressantes comme une dizaine d'édifices de ce secteur, avec des angelots d'un jaune doré se détachant sur un bleu pâle céleste. Une grande guirlande d'un vert soutenu ajoute une note plus vive et forme contrepoint aux motifs jaunes et rosés de postes et de palmettes. Ce décor rappelle plus encore l'antiquité romaine que l'art de l'Italie de la Renaissance. Puis la Villa San Valentino **66** (*27 avenue Aristide Briand*) présente un corps principal italianisant et une aile gauche de facture plus française. L'ensemble forme un recueil aimable et soigné du vocabulaire classique, décliné non sans noblesse à une échelle assez modeste. Au carrefour on trouve la Fontaine Hanbury **67**, (*angle Promenade Reine Astrid et avenue Aristide Briand*) élevée en 1897 et placée là un peu par hasard, ornée des armes de Menton. Un banc de pierre côté mer permettait aux promeneurs de profiter confortablement de la vue dans cet endroit alors tranquille. L'œuvre est monumentale, avec d'élégants détails de profils, sculptés dans la pierre blanche. On prend ensuite vers l'est la Promenade Reine Astrid qui marque la fin orientale du territoire français.

On remarque d'abord la Villa Ramornie **68** (*3 promenade Reine Astrid*) avec ses armoiries et une modénature très classique. L'édifice est modeste mais présente une décoration homogène et bien conservée, de style 1900-1910. Puis on atteint la Villa Maria-Serena **69** (*21 promenade Reine Astrid*), villa de taille moyenne mais la plus célèbre de Menton, attribuée à l'architecte de l'Opéra de Paris, Charles Garnier. L'édifice présente en effet une alternance de volumes ouverts et massifs, une tour, un style qui rappellent étroitement sa villa de Bordighera. Construite vers 1885 pour les Foucher de Careil, Maria-Serena demeure, avec son grand jardin aux essences rares et sa vue dégagée et solitaire sur la mer, comme un des plus authentiques spécimens de l'agréable villa de villégiature de la fin du XIXe siècle sur la Riviera, avec une forme originale en hommage à l'Italie. La discrétion de son archi-

Villa Foucher de Careil (détails) - 81, bd de Garavan
Attribuée à Charles Garnier - v. 1895

tecture est assez rationaliste et tranche audacieusement avec les lourdes villas très décorées des années 1880. Le pavillon d'entrée possède en outre un intéressant décor de sgraffite récemment restauré. La villa dont l'extérieur a été altéré par un bombardement pendant la guerre de 1939-45, sert à la Ville de Menton pour les réceptions de ses hôtes de qualité. Le décor intérieur est en majeure partie moderne.

On retourne ensuite vers le Vieux-Menton par la longue promenade dite Porte de France où se trouvent plusieurs édifices allant des années 1800 à 1900. L'Hôtel Paradiso **70** (*71 Porte de France*) présente une variante réduite et plus humaine du grand hôtel. Ici priment la qualité des volumes, la beauté du détail décoratif, dans un ensemble d'un gracieux style néo-Louis XVI élégant et sans fadeur. La Résidence Porte de France **71** (*55 Porte de France*) adopte un parti monumental et très plat avec ses grands pilastres de stuc mouluré tout à fait à la manière anglaise des frères Adam ; l'inspiration est toujours strictement classique, bien que rendue ici de manière inhabituelle. On peut rapprocher cette œuvre à l'élévation d'ordre colossal si particulière avec Kenwood House, un des châteaux construits par les Adam dans les environs de Londres et où ils utilisèrent exceptionnellement un ordre de larges pilastres décorés de rinceaux et d'ornements en bas-relief sur toute leur hauteur. La Villa Faraldo **72** (*angle avenue Saint-Jacques et Porte de France*) constitue un exemple aujourd'hui très rare de l'hôtel particulier à la française, avec sa composition symétrique et une belle décoration de façade côté mer.

La Casa Mare **73** (*11 Porte de France*) se signale par son style néoclassique tardif et sa belle mouluration, décor conventionnel mais charmant et probablement ancien, sur une simple grosse maison. La Maison Manera **74** (*13 square Victoria)*, grande bâtisse régulière, présente une mouluration et des encadrements de baies d'un style néoclassique ancien, puissamment sculpté. A l'intérieur un grand plafond en trompe-l'œil s'inspire du style florentin avec ses quatre médaillons en camaieu rouge sombre représentant des figures humaines de type italien, cantonnées de griffons en grisaille. Les angles sont ornés d'entrelacs. Au centre un ciel éclatant se détache au-dessus d'une ferronnerie dorée, aérienne et fleurie. Dans une gloire lumineuse des amours drapés portent un grand panier de fleurs. A proximité la moderne Fontaine Victoria **75** (*square Victoria*) présente en partie supérieure un élégant ensemble sculpté aux armes d'Angleterre provenant du monument original construit pour commémorer les séjours de la reine à Menton à la fin du XIXe siècle.

Marché couvert - Quai Monléon
Adrien Rey - 1898

Copyright
Association Correspondances
2-84194-008-X

Mise en page, cartographie, photogravure, flashage
MacMEDIA, Nice

Crédits photographiques
Jean-Jacques Conan,
Régine Lafontan, François Fernandez

Achevé d'imprimer en juillet 1998
Dépôt légal juillet 1998

Illustration de la couverture
Façade sud de l'ancien hôtel d'Orient,
Sylvain Giauffret, 1885-1920

En 4ème de couverture
Le Marché couvert
(détail des céramiques), Adrien Rey, 1898

DEMAISTRE
27, rue Théodore de Banville 06100 Nice
Tél./ Fax : 04 93 51 82 59

Avec le concours de la Ville de Menton